Tomoko Ohmura

Wieso geht's hier nicht weiter?

Aus dem Japanischen von Ursula Gräfe

Moritz Verlag
Frankfurt am Main

Was ist da vorne los?

Dreirad
Nr. 50

Da scheint etwas passiert zu sein. Lasst uns gleich mal nachsehen!

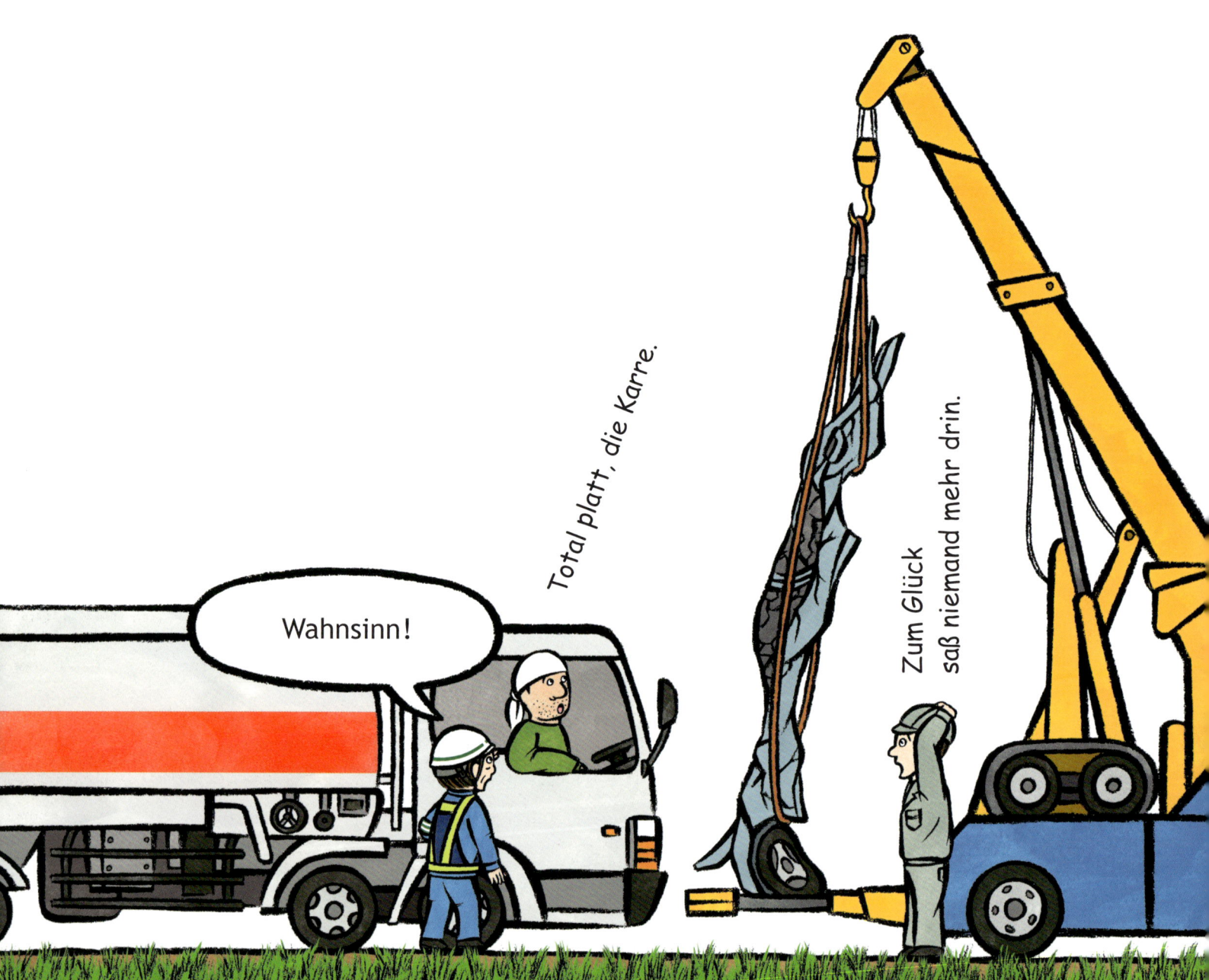

Omnibus Nr. 29

Pferdekutsche
Nr. 25

Traktor
Nr. 24

Man scheint inzwischen etwas herausgefunden zu haben ...

Müllauto
Nr. 16

Videotruck
Nr. 15

Ü-Wagen

Nr. 14

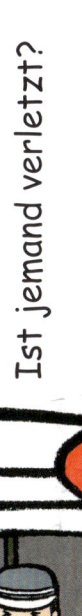

Feuerwehrauto
Nr. 11

Krankenwagen
Nr. 10

Rotkreuzwagen
Nr. 9

Polizeimotorrad
Nr. 8

Lassen Sie mich vorbei, das ist ein Notfall!

Streifenwagen

Nr. 7

LKW mit Arbeitsbühne

Kranwagen

Nr. 1

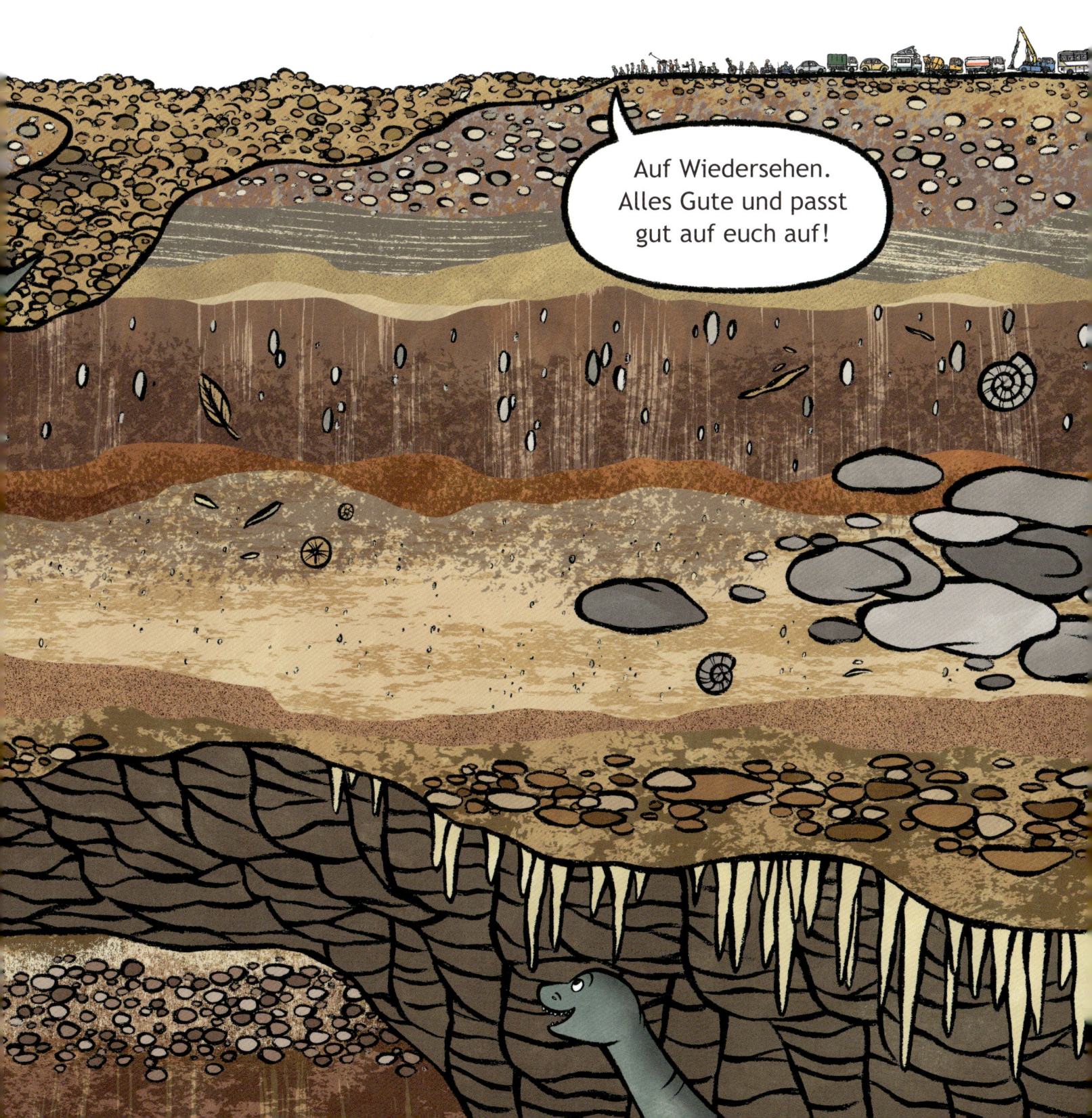

Wie schön, dass der kleine Dino gesund und munter zur Welt gekommen ist. Jetzt ist's Zeit nach Hause zu gehen ...

Tomoko Ohmura wurde in Tokio geboren. Nach ihrem Abschluss an der Palette Club School für Illustratoren veröffentlichte sie in renommierten japanischen Verlagen zahlreiche Bilderbücher. Im Moritz Verlag erschienen von ihr bisher *Bitte anstellen!* und *Beeil dich, kleines Faultier!*

3. Auflage, 2021
© 2018 MoritzVerlag, Frankfurt am Main
Alle deutschsprachigen Rechte vorbehalten
Die japanische Originalausgabe erschien 2014 unter dem Titel
Nan no jūtai? bei Poplar Publishing Co. Ltd., Tokio
Vermittlung durch JapanForeign-RightsCentre
© 2014 Tomoko Ohmura
Druck: Grafisches Centrum Cuno, Calbe
Printed in Germany
ISBN 978 3 89565 355 1
www.moritzverlag.de

Alle fünfzig Fahrzeuge

1	Kranwagen		26	Viehtransporter
2	Schaufelbagger		27	Schulbus
3	Bulldozer		28	Safaribus
4	Straßenwalze		29	Omnibus
5	Kipplaster		30	Abschleppwagen
6	LKW mit Arbeitsbühne		31	Tankwagen
7	Streifenwagen		32	Betonmischer
8	Polizeimotorrad		33	Wohnmobil
9	Rotkreuzwagen		34	Limousine
10	Krankenwagen		35	Lastwagen
11	Feuerwehrauto		36	PKW
12	Wassertankwagen		37	Beiwagen
13	Rettungsfahrzeug		38	Motorrad
14	Ü-Wagen		39	Motorroller
15	Videotruck		40	Rikscha
16	Müllauto		41	Fahrrad
17	Toilettenwagen		42	Rollstuhl
18	Bücherbus		43	Einkaufswagen
19	Marktwagen		44	Buggy
20	Taxi		45	Laufgestell
21	Paketauto		46	Skateboard
22	Postauto		47	Tretroller
23	Reispflanzmaschine		48	Einrad
24	Traktor		49	Rollschuhe
25	Pferdekutsche		50	Dreirad